AF313498

CONSULTATIONS

DU BARREAU

DE LA COUR DE CASSATION.

CONSULTATION

M. ODILON-BARROT.

Les Conseils soussignés, qui ont lu avec attention l'article
sur les arrestations arbitraires, inséré dans la *Gazette des
Tribunaux* du 14 septembre 1826, ensemble le réquisitoire
de M. l'Avocat du roi, inséré au *Moniteur* du 7 décembre,
et les pièces imprimées de l'instruction, n'ont pu y apercevoir le délit de provocation à la rébellion à raison duquel
Mᵉ. Isambert, signataire de cet article, est traduit aujourd'hui devant la police correctionnelle.

Ils s'empressent de reconnaître que tous les citoyens
doivent respect et obéissance à la loi; ce devoir est encore
plus impérieux pour l'avocat, à qui son serment fait de ce
respect un devoir de conscience et de religion.

Appelé à défendre ses concitoyens au nom de la loi, l'avocat ne pourrait en affaiblir l'empire, sans détruire lui-même
le principe de force et de confiance dont il a un si grand
besoin dans une mission qui a aussi ses combats et ses
dangers.

La loi en matière pénale est presque toujours assez claire,
assez positive, pour qu'on ne puisse se méprendre sur sa volonté; un avocat qui conseillerait la désobéissance à cette
volonté clairement manifestée, ne pourrait attendre des

magistrats qu'une juste sévérité et de ses confrères qu'un sentiment de répulsion.

Mais il est des dispositions dans la loi qui, à raison, soit de l'insuffisance de la langue, soit d'une réserve calculée de la part du législateur, sont susceptibles d'une double entente : la controverse s'établit alors sur son véritable sens entre les auteurs et les Tribunaux ; et le jurisconsulte qui dans cette controverse choisit consciencieusement entre les deux opinions, est à l'abri de tous reproches et semblerait devoir l'être à plus forte raison de toutes poursuites.

L'art. 209 du Code pénal, qui définit le rébellion, offre une de ces dispositions ambiguës dont l'interprétation a divisé et divise encore les esprits les plus éclairés.

Les uns ont pensé que cet article devait s'interpréter selon les principes généraux de notre droit public qui, faisant dériver toute force publique de la loi seule, semble dès-lors subordonner dans tous les cas possibles la question de désobéissance et de rébellion à celle de la légalité.

Les autres, au contraire, ont commencé par établir en faveur de tous les actes quelconques de l'autorité une présomption de légalité qui exclut l'examen et commande avant tout l'obéissance.

Les uns et les autres invoquent à l'appui de leurs opinions, les plus hautes considérations d'ordre public.

Ceux-ci ont vu dans le droit qu'aurait tout citoyen de juger l'acte de l'autorité, une maxime subversive de tout ordre social ; ils ont montré les révolutions imminentes si ce droit était reconnu.

Ceux-là, ont trouvé au contraire la plus forte garantie de la société dans un principe qui appelle chaque citoyen à protéger et à défendre l'ordre légal établi ; ils ont répondu à des appréhensions par des exemples ; ils ont cité les peuples chez lesquels l'ordre paraît le mieux établi et qui ont cependant fait de ce principe le fondement de leur législation et de la jurisprudence de toutes leurs Cours de justice (1).

Dans ce conflit d'opinions, l'autorité de la Cour régulatrice doit avoir une prépondérance que les soussignés seraient les derniers à contester.

Mais la jurisprudence de cette Cour elle-même n'est pas uniforme; en effet, si dans le bulletin officiel de ses arrêts on en trouve à la date du 16 avril 1812, 13 mars 1817, 14 avril 1820, et 3 septembre 1824, qui semblent décider plus ou moins explicitement que l'obéissance aux actes de l'autorité ne saurait être subordonnée à l'examen de la légalité de ces actes; on en trouve un à la date du 14 septembre 1815, qui offre la plus éclatante et la plus solennelle consécration du principe contraire.

La Cour royale de Rennes avait fait à des attroupemen séditieux, réunis pour résister avec violence à l'exécution des lois et ordonnances de l'autorité publique, l'application de la loi de rébellion. La Cour de cassation a annulé cet arrêt par le motif que les lois et ordonnances de l'autorité publique, à l'exécution desquelles cette résistance fut opposée, étaient des lois et ordonnances émanées de l'usurpateur ou de ses agens.

Dans cette circonstance, elle a reconnu aux citoyens le droit de raisonner leur obéissance, droit qui ne saurait être divisé, et qui, s'il existe par rapport aux usurpations du pouvoir suprême, existe à plus forte raison et avec moins de danger par rapport aux usurpations d'un pouvoir subalterne.

D'ailleurs, chacun des arrêts par lesquels la Cour de cassation a réformé des décisions contraires de Cour royale,

____

(1) Voyez Blackstone, *Commentaires sur les lois anglaises*, t. 2, p. 416. Edition 1823; Delolme, *sur la Constitution de l'Angleterre*; Rey, *Institutions judiciaires de l'Angleterre*, tome II, p. 200.

est un témoignage de plus qui atteste combien la controverse de cette grande et importante question a été vive et
universelle.

Cette controverse est bien loin d'être terminée : la Cour
de Lyon, celle de Toulouse, par des arrêts tout récens et
qui n'ont été attaqués ni par le ministère public, ni par le
ministre de la justice, viennent de décider, à l'occasion
d'un huissier procédant illégalement, que la résistance
même à un officier ministériel reconnu ou à des gendarmes
en uniforme, n'est pas un délit lorsque la contrainte ou
l'exécution était illégale.

L'un des magistrats les plus révérés de la Cour suprême
elle-même, M. Carnot, qui ajoute à l'autorité de ses doctrines l'empire de la vertu la plus pure, professe dans un
ouvrage, qui est entre les mains de tous les jurisconsultes,
que *s'il y a un coupable c'est plutôt celui qui a provoqué la ré-*
sistance que celui qui n'a fait que s'opposer à la violation de la
loi ; que punir l'individu qui aurait fait résistance à l'agent qui
arrête un citoyen en l'absence de tout ordre ou mandat, ce serait
mettre la vie et l'honneur des citoyens à la merci des officiers
ministériels ou de tous autres agens de l'autorité publique.

Ce qu'un magistrat enseigne, un avocat ne peut-il pas le
publier ? Ce qui est professé dans un ouvrage de doctrines ;
ce qui est consacré par des arrêts de Cour souveraine, un avocat ne peut-il pas l'adopter dans les conseils qui lui sont de-
mandés par les citoyens, et même dans les écrits polémiques
qui lui servent à les éclairer sur leurs droits et leurs devoirs ?

Il faut le reconnaître, la question de résistance aux actes
illégaux des agens de l'autorité est encore dans le domaine
de la controverse.

Un arrêt de condamnation ne serait qu'une autorité
de plus en faveur de l'une des deux opinions qui divi-
sent les esprits sur ce point de jurisprudence ; il ne lierait

pas même le tribunal qui l'aurait rendu, il lierait encore moins les autres juridictions qui ont adopté une opinion contraire.

Il arriverait seulement que le même fait serait puni à Paris et absous à Toulouse et à Lyon, et la peine perdrait alors ce caractère de fixité et de généralité qu'elle doit toujours avoir.

Les citoyens ont sans doute un grand intérêt à savoir si la résistance à un acte contraire aux lois est une rébellion ou un acte de civisme, un crime ou l'accomplissement d'un devoir; mais dans l'incertitude dans laquelle le vague des expressions de la loi a jeté les tribunaux, le législateur seul peut donner la solution de cette grande et importante question sociale; alors plus de controverse, et la manifestation d'une opinion contraire à cette solution pourra être un délit.

Cette discussion suffirait pour écarter une condamnation possible, alors même que le consultant, prenant partie dans cette controverse, aurait professé la thèse absolue de la résistance à tous actes illégaux de l'autorité.

Mais tel n'a point été sa proposition, tel n'est point l'article incriminé; il est considéré tout entier *aux arrestations arbitraires opérées sans ordres ni mandats de justice et hors le cas de flagrant délit par les agens subalternes de la police.* Ce n'est que pour ce cas ainsi spécifié que M. Isambert conseille aux citoyens la résistance, résistance simplement passive, c'est-à-dire protestation et constatation du fait, si l'arrestation est opérée par un gendarme revêtu de son uniforme, résistance active, c'est-à-dire la défense de soi-même, aux cas où l'arrestation est faite par un agent subalterne de la police.

Il paraît même que dans le resumé qui termine l'article, M. Isambert revient à la théorie de la résistance passive

» pour tous les cas ; il recommande même aux citoyens de
» s'abstenir *de toutes expressions injurieuses envers les agens de
la force publique.*

En admettant même que ce résumé ne fût pas un cor-
rectif suffisant du passage qui le précède, et dans lequel il
est dit que la personne arrêtée *pourra user de la force personnelle et repousser la violence par la violence,* nous ne pour-
rions encore y voir le délit de rébellion défini par l'art. 209
du Code pénal ; lorsque nous nous référons, surtout au cas
pour lequel ce passage est écrit ; celui d'une arrestation
opérée par un agent subalterne de la police, sans aucun
ordre écrit de l'autorité publique ni mandat de justice , et
hors le cas de flagrant délit.

En effet, d'après l'art. 209 « est qualifiée délit de rébel-
» lion toute résistance avec violence ou voies de fait envers
» les officiers ministériels, les officiers ou agens de la police
» administrative ou judiciaire, *agissant pour l'exécution des
» lois, des ordres ou ordonnances, de l'autorité publique, des
» mandats de justice ou jugemens.* »

La loi du 19 pluviôse an XIII , qui faisait attribution du
crime de rébellion aux Cours spéciales, voulait en outre
que l'agent de la force publique *eût agi sur la réquisition
d'une autorité compétente.*

En admettant que le législateur ait suffisamment manifes-
té dans l'art. 209 , l'intention d'innover à la législation an-
térieure ; que, ni la *légalité* de l'ordre, comme sous la loi
de 1791, ni la *compétence* de l'autorité qui a requis la force
publique , comme sous la loi de pluviôse, ne puissent plus
être examinées, pour décider s'il y a eu rébellion, resterait
toujours dans le code pénal actuel cette circonstance limi-
tative, exprimée par ces mots : *agissant pour l'exécution
des lois, ordres ou ordonnances de l'autorité publique ou du
mandat de justice,* circonstance qui formant l'un des élémens,

du délit de rébellion, doit être aussi une des conditions de l'application de la peine.

La question doit donc se poser ainsi :

Les gendarmes ou les agens subalternes de la police, au cas posé, c'est-à-dire celui d'une arrestation d'un citoyen domicilié hors le cas de flagrant délit, sans ordre écrit de l'autorité ni mandat de justice, doivent-ils être considérés *comme agissant pour l'exécution des lois, des ordres ou ordonnances de l'autorité publique, ou des mandats de justice?*

La question peut même encore se simplifier ; car on doit en écarter les gendarmes, à l'égard desquels M⁵. Isambert n'a conseillé qu'une simple protestation, chose parfaitement innocente alors même que l'arrestation serait légale, et à plus forte raison lorsqu'elle ne l'est pas; et dès-lors cette question se concentre entièrement entre les citoyens domiciliés d'une part et les agens subalternes de police de l'autre.

Or, lorsqu'un de ces agens arrête un citoyen de sa propre autorité, peut-on dire qu'il a agi pour l'exécution des lois ? Non, certainement non; la loi est avare du pouvoir exorbitant d'arrêter un citoyen ; elle ne le prodigue pas, elle ne le fait pas descendre si bas ; elle ne le confie, à moins de flagrant délit, qu'à un magistrat inamovible, qui offre toute garantie aux citoyens et à la société, et encore environne-t-elle l'exercice de ce pouvoir de formes et de solennités qui attestent combien lui paraît sacrée la liberté individuelle.

L'art. 4 de la Charte a donné, de plus, son auguste sanction, à ces principes, qui formaient déjà et depuis long-temps le droit commun de la France ; il est ainsi conçu :

« La liberté individuelle est également garantie, personne » ne pouvant être poursuivi ni arrêté que dans les cas pré- » vus par la loi et dans la forme qu'elle prescrit. »

Que si, dans le cas de flagrant délit et en matière de grand

criminel ; le besoin d'assurer la vindicte publique a fait
étendre le droit d'arrestation à tous officiers de police judiciaire , tous agens de la police administrative , et même à
tous les citoyens ; M°. Isambert a formellement exclus ce
cas de sa théorie sur le droit de résistance.

Quant à la difficulté pour de simples agens de police de
discerner ce qui est ou n'est pas flagrant délit ; la difficulté
est la même pour les simples citoyens , qui , dans ce
cas , sont également appelés par la loi à agir. Les uns et
les autres agissent à leurs risques et périls, comme c'est
aussi à ses risques et périls que le citoyen qui se croit in-
justement arrêté, résiste : c'est aux Tribunaux ensuite à vi-
der le débat et décider de quel côté était le droit.

Il est bien aussi des lois particulières qui paraissent avoir
donné à certains agens de la force publique, le droit d'arrestation provisoire pour certains cas spéciaux : telle la loi
du 28 germinal an VI, art. 125, sur l'organisation de la
gendarmerie ; tel le décret du 12 messidor an VIII, qui
détermine les attributions du préfet de police de Paris ; mais
l'exception même faite pour ces cas, confirme la règle générale.

L'art. 37 de ce décret donne même aux commissaires de
police le droit de lancer des mandats d'amener. Il y aurait
peut-être des raisons de douter que cette disposition, qui ne
se trouve pas en harmonie avec l'art. 9 du Code d'instruction
criminelle, lequel n'accorde aux commissaires de police
que la qualité et les droits de simple officier de police judiciaire, ait survécu aux dispositions de ce Code ; mais en
admettant même qu'elle soit toujours en vigueur, elle serait
la meilleure preuve que tous les agens quelconques de la
police n'ont pas le droit d'arrestation puisque ce droit n'aurait été accordé qu'aux seuls commissaires de police.

En vain évoquerait-on les lois de 1791 et de l'an 4 sur

l'institution des officiers de paix. Cette institution n'existe plus, car une magistrature ou une fonction quelconque ne peut pas s'isoler des conditions de son existence ; surtout lorsque ces conditions sont des garanties indispensables et substantielles, même au pouvoir dont cette magistrature ou cette fonction était investie.

Ainsi, les officiers de paix qui se rattachaient à un système de police civile qui a fait place à d'autres idées, étaient de véritables fonctionnaires ; ils étaient institués par le chef du gouvernement, prêtaient le serment de respecter les lois, étaient décorés d'insignes qui ne permettaient pas de méconnaître leur caractère, et relevaient de la magistrature dont ils étaient les auxiliaires.

Il paraît que, lors de la publication du Code d'instruction criminelle, cette institution n'existait déjà plus, soit que la création de la gendarmerie la rendît inutile, soit qu'elle ait paru faire double emploi avec les commissaires de police ; il n'est pas question des officiers de paix dans la nomenclature que l'article 9 de ce code donne des officiers de police judiciaire, lesquels cependant sont chargés spécialement de la même mission confiée par les lois précédentes aux officiers de paix, celle de rassembler les preuves des délits et d'en livrer les auteurs aux magistrats.

On retrouve bien, sinon *l'institution* du moins la *dénomination* d'officiers de paix dans certains agens de la police administrative ; mais cette qualification ne saurait faire un instant illusion. Ce ne sont plus des fonctionnaires institués sous la garantie du serment, ayant un caractère public et permanent ; ce sont des agens de surveillance et d'exécution, qui ne diffèrent des autres que par la qualification dont il plaît au chef de la police, dont ils dépendent entièrement, de les revêtir.

Donner à ces agens le droit de main-mise sur les citoyens,

ce seroit reconstituer l'institution des officiers de paix sans aucune des garanties qui lui étaient inhérentes : ce seroit, à l'aide d'une qualification arbitraire, ou ajouter à la nomenclature du Code d'instruction criminelle une nouvelle catégorie d'officiers de police judiciaire, ou, ce qui serait plus dangereux encore, proclamer en principe que hors le Code d'instruction criminelle, hors la police judiciaire, il y a des pouvoirs qui ont juridiction sur les citoyens et qui peuvent disposer de leurs personnes et de leur liberté, ce qui serait une doctrine plus dangereuse que celle qui est incriminée.

Au reste, la Charte et le Code d'instruction criminelle forment un corps complet de législation sur le droit d'arrestation, et un avocat serait bien excusable de n'avoir pas cherché ailleurs ses autorités en cette matière, et d'avoir pensé que toutes les lois spéciales antérieures, telles que celles du 12 mai 1796, sur les officiers de paix, ont été fondues dans ce code.

Disons-le avec confiance, l'agent subalterne de police de quelque nom qu'il se décore, qui hors le cas de flagrant délit se permet de sa propre autorité de porter la main sur un citoyen domicilié, de le traîner à travers les rues et les places publiques dans un lieu quelconque de détention, n'agit pas *pour* l'exécution de la loi, mais *contre* la loi.

Cet agent doit-il être considéré dans ce même cas, comme agissant pour l'exécution des ordres de l'autorité publique ? Oui, si l'autorité publique lui a donné un ordre formel et écrit d'arrêter tel ou tel citoyen. Non ! si aucun ordre pareil ne lui a été donné.

Me Isambert a parlé, dans son article, de la supposition que M. le préfet de police remettrait à ses agens des mandats d'arrêt en blanc ; il aurait pu soutenir que de pareils mandats ne seraient point des mandats ou ordonnances, mais une délégation de pouvoir qu'aucune loi n'autorise ni ne permet : qu'un agent porteur de pareils mandats n'agirait point pour l'exécution des ordres de l'autorité, mais serait constitué lui-même l'autorité et exécuterait ses propres ordres; que par conséquent il ne rentrerait pas dans le cas prévu par l'art. 209 du Code pénal; et que la résistance qui lui serait opposée ne pourrait être qualifiée de rébellion. Mais M⁰. Isambert s'abstient d'émettre aucune opinion théorique sur ce point; il se borne à nier le fait, *il doit y avoir erreur en ce point*, dit-il ; ce qui le dispense d'établir aucun principe.

En résumé, si l'agent subalterne de la police n'agit ni pour l'exécution des lois, ni pour l'exécution des ordres de l'autorité, ni pour celle des mandats de justice, comment la résistance à cet agent dans ce cas pourrait-elle rentrer dans la définition de l'article 209, à moins de retrancher de cet article la condition qui s'y trouve si formellement exprimée, et de le rendre absolu de limitatif qu'il est ?

Comment surtout mettre cet article ainsi mutilé en harmonie, non seulement avec l'article 4 de la Charte constitutionnelle, mais avec plusieurs dispositions du Code d'instruction criminelle, et notamment avec la disposition de la loi qui déclare toute arrestation arbitraire, et qui donne à tous les citoyens le droit de s'opposer à la consommation d'un crime, et les articles 608 et 609 de ce Code, *qui font défense à tout gardien, sous peine d'être poursuivi et puni comme coupable de détention arbitraire, de recevoir ni retenir aucune personne qu'en vertu d'un mandat dans les formes prescrites par les lois.*

Combien ne serait pas déraisonnable et contradictoire une législation qui, dans un même cas, punirait un citoyen pour avoir désobéi à l'agent de police et le concierge pour lui avoir obéi, et qui placerait ainsi un particulier entre l'agent de police qui le pousserait en prison et le concierge qui le repousserait.

En vain, soutiendrait-on que la police ne peut se faire dans les grandes cités sans un peu d'arbitraire ; en admettant que cela fût vrai ; que du moins cet arbitraire n'appelle pas à son secours la loi dont il se passe, qu'il se contente de la force physique sur laquelle il se fonde, et de l'espèce d'amnistie qu'il doit à des usages établis, et à ce que l'on appelle la loi de la nécessité.

Quant aux magistrats, qu'on ne leur demande pas de faire entrer en partage de ce pouvoir si exorbitant d'arrestation que le législateur leur a exclusivement départi, les agens les plus subalternes de la police ; que toute la distance qui, dans l'économie de nos lois, sépare les simples agens d'exécution, des magistrats ayant juridiction, soit par eux sévèrement maintenue, et alors la question si délicate de résistance légale perdra bien de son importance et de ses dangers.

En effet, que les autorités constituées aient droit à l'obéissance même lorsqu'elles se trompent ; que leurs ordres, leurs mandats, même illégaux, soient exécutoires provisoirement, sauf recours, cela se conçoit ; les magistrats ont un caractère public et permanent qui peut motiver à leur égard la présomption de la légalité.

Mais qu'est-ce qu'un agent de police isolé de l'ordre, ou du mandat de l'autorité publique, dont il serait porteur ; c'est un homme privé ; c'est même trop souvent un malheureux pris dans les classes les plus abjectes de la société, racheté des peines du crime à raison même de ses relations avec le crime ; il n'est rien, il ne peut rien que par le mandat dont il est porteur ; c'est dans ce mandat qu'est concentrée toute son existence légale, existence purement accidentelle et relative.

Toute violence qu'il se permet, et à plus forte raison une arrestation, qui est la plus grave violence dans l'ordre légal, ne serait de sa part, hors le cas de l'exécution d'un mandat, qu'une voie de fait ordinaire qui n'est que dans les provocations privées contre lesquelles la loi permet et légitime la défense personnelle.

En professant cette thèse spéciale et ainsi restreinte, M^e. Isambert ne s'est mis en opposition avec aucune loi, il n'a fait au moins, quant au fonds de l'article, et en faisant abstraction du style et des expressions qui ne paraissent même pas lui appartenir en entier, que tirer de l'art. 4 de la Charte et des lois existantes, des conséquences rigoureuses et nécessaires. C'est avec une vive satisfaction que ses confrères soussignés lui donnent à cet égard le témoignage que leur a dicté la plus entière conviction.

Délibéré à Paris, le 8 décembre 1826, par les Avocats aux Conseils du Roi et à la Cour de Cassation, soussignés.

ODILON-BARROT.

RAOUL.

CHAUVEAU - LAGARDE,
ex-président du Conseil.

COLLIN.

JOFFROY.

ROUTHIER.

MACAREL.

COTELLE.

DALLOZ.

COMPANS.

TAILLANDIER.

MONGALVY.

JOUHAUD.

Edm. BLANC.

IMPRIMERIE ANTHELME BOUCHER, RUE DES BONS-ENFANS, N°. 34.

CONSULTATION

DE M. DALLOZ.

Le Conseil soussigné, qui a lu attentivement l'article de M. Isambert, inséré dans la *Gazette des Tribunaux* du 14 septembre 1826, ainsi que deux consultations délibérées, l'une, par MM. Odilon-Barrot et Chauveau-Lagarde, et la seconde par M. Bourguignon, où l'on établit que cet article n'offre point les caractères de délit de provocation à la rébellion et à la désobéissance aux lois;

Adhère pleinement à l'opinion de ces honorables jurisconsultes; mais il pense que, pour la justifier, il n'est pas besoin d'aller jusqu'à démontrer que les doctrines professées par l'auteur de l'article inculpé sont de tout point exactes et incontestables. Il suffit, à ses yeux, que les questions sur lesquelles M. Isambert a été appelé à émettre son sentiment soient graves et susceptibles de controverse, pour que la solution qu'il leur a donnée, fût-elle erronée, ne puisse être légalement répréhensible. Car, l'erreur sur un point de droit douteux est du domaine exclusif de la critique : on peut, on doit même la combattre et la réfuter ; mais il n'appartient pas à la loi de la punir, parce que, dans ce cas, elle porte en elle-même une présomption de bonne foi, incompatible avec l'idée d'un délit.

M. Isambert, sur la demande du rédacteur de la *Gazette des Tribunaux*, qui, lui-même, avait été sollicité par les réclamations de plusieurs abonnés, a rédigé une espèce de consultation sur les *arrestations arbitraires*. C'est ainsi qu'il l'a intitulée ; ce qui annonce, dès l'abord, qu'il n'entend s'occuper que des atteintes à la liberté, qui, dans sa pensée, ne

"

sont point autorisées par la loi, et non pas se livrer à la censure de la législation existante, et bien moins encore provoquer les citoyens à lui désobéir ou à se rébeller contre les agens de l'autorité chargés de son exécution.

L'écrit n'a trait qu'aux arrestations arbitraires de citoyens *domiciliés* ; M. Isambert n'y conteste nulle part le pouvoir des agens même les plus subalternes de saisir les vagabond , gens sans aveu, les filles prostituées ; en un mot, tous ceux qui, n'ayant d'autre domicile que la voie publique, tombent naturellement sous l'action immédiate de la police, parce qu'ils n'offrent aucune garantie qu'ils se présenteront plus tard devant la justice pour répondre des faits qui leur sont imputés.

L'auteur de l'article inculpé parle successivement des arrestations des citoyens domiciliés, ordonnées ou exécutées, 1°. par les magistrats et les officiers de police judiciaire ; 2°. par les gendarmes ; 3°. enfin par les officiers de paix et les agens subalternes de la police.

A l'égard des magistrats et des officiers de police judiciaire, M. Isambert, ne leur refuse pas le droit de commander l'obéissance, alors même qu'ils excèdent la limite de leur autorité ; il demeure sous ce rapport en arrière de l'opinion des auteurs et de la doctrine de plusieurs décisions de Cours souveraines. On peut voir MM. Carnot, Legraverend, Bourguignon ; les arrêts des Cours royales de Lyon, de Toulouse et de Grenoble, et s'il nous est permis de le rappeler ici, on peut voir aussi ce que nous avons dit nous-même dans notre *jurisprudence générale*, 1826, p. 340. Il serait oiseux d'entreprendre la justification de cette partie de l'article, et même d'en parler si, au lieu des vagues reproches articulés contre l'article en général, le ministère public avait pris soin de signaler, dans son réquisitoire les passages qu'il entend inculper, ainsi que les articles 6 et 15 de la loi du 26 mai lui en imposent le devoir, sous peine d'une nullité dont la défense aurait pu se prévaloir, mais à laquelle il y avait convenance et dignité de renoncer, comme on l'a fait.

« Les gendarmes sont également désintéressés dans l'article inculpé. Ce que M. Isambert a dit du droit de leur résister ne peut raisonnablement s'entendre que des arrestations que ces agens de la force publique se permettraient hors des cas spéciaux et de flagrant délit, dans lesquels l'article 125 de la loi du 28 germinal an VI et l'ordonnance de 1820, les autorisent à faire des arrestations sans mandement de justice. S'il n'a pas rappelé ces différens cas, c'est que, dans un écrit aussi court, il n'a pu parler que du droit commun sans descendre dans le détail des restrictions exceptionnelles. M. Isambert n'a donné que de simples notes contenant les principaux aperçus de la matière; son article n'est pas un *traité*. D'ailleurs, il n'a parlé que d'une *résistance passive*, sans outrage ni injure, ou pour mieux dire, du droit d'adjurer les citoyens présens de venir déposer au besoin des circonstances dans lesquelles l'arrestation a eu lieu, et des violences qui l'ont accompagnée; ce qui ne peut être évidemment un appel à la révolte, et ce qui n'est pas non plus une provocation à la désobéissance aux lois; car, celui-là ne désobéit pas aux lois qui, se croyant victime d'une injuste violence à sa liberté, cherche seulement à se ménager la facilité de prouver que les lois ont été violées dans sa personne.

Toute l'accusation se concentre donc dans le reproche qu'elle fait à M. Isambert d'avoir émis l'opinion que les officiers de paix et les agens subalternes de la police, hors les cas de flagrant délit de nature à entraîner une peine afflictive et infamante, ne peuvent arrêter un citoyen domicilié, sans un mandat de justice. — Ici la question se subdivise et veut être examinée séparément, et à l'égard des officiers de paix, et relativement aux agens subalternes.

En ce qui concerne ces derniers, la doctrine de M. Isambert est-elle contraire à quelque loi positive dont on ne puisse supposer qu'il ait ignoré et l'existence et la force encore obligatoire ? Voilà ce que l'accusation doit prouver d'abord avant de se croire en droit d'adresser à l'auteur de l'article inculpé, l'imputation d'avoir provoqué à la rébellion et à la désobéissance aux lois. Encore faudrait-il que l'article fût conçu dans des termes propres à exciter les citoyens à la révolte, car la critique sage et modérée de la loi n'a jamais été interdite : elle est même de l'essence de la forme du gouvernement sous lequel nous vivons.

Mais nulle loi, ancienne ni nouvelle n'investit les agens subalternes de police du droit de porter la main sur un citoyen domicilié, sans mandat de justice. Du moins le ministère public n'en a cité et nous n'en connaissons aucune.

Pour leur attribuer ce pouvoir en quelque sorte juridictionnel sur la liberté des citoyens, M. l'avocat du Roi, à défaut de textes, s'est livré à des inductions, à des raisonnemens, et a invoqué des considérations générales ; mais par là même qu'il a dû recourir à tant d'efforts pour établir son système, il a suffisamment fait voir que la question n'était pas sans difficulté, et que la doctrine opposée a pu être innocemment professée.

Quels sont d'ailleurs les argumens à la faveur desquels on revendique pour les agens subalternes de police, le droit d'appréhension d'un citoyen domicilié, hors le cas de flagrant délit ?

Aux termes de l'article 10 du Code d'instruction criminelle, dit-on d'abord, le préfet de police est officier de police judiciaire, il peut déléguer ses pouvoirs aux agens qu'il emploie, et dont l'arrêté du 12 messidor an VIII lui permet d'augmenter le nombre selon les besoins du service, et il les leur délègue virtuellement par le choix qu'il fait d'eux pour concourir à l'action de la police.

On a déjà répondu qu'en concédant aux officiers de police judiciaire, autres que le juge d'instruction, le droit d'arrestation hors les cas de flagrant délit, ce pouvoir ne peut être délégué par le préfet qu'aux agens de la police judiciaire que la loi a placés sous ses ordres et qui sont dénommés dans l'art.

35 de l'arrêté du 12 messidor an VIII; il ne peut l'être aux subalternes, que sa volonté peut créer par centaines en un moment, et qui, destitués de tout caractère, de toute consistance sociale, et souvent même de toute existence morale, n'offrent pas les garanties que la société a le droit d'attendre des agens auxquels la loi a confié le pouvoir de suspendre la liberté individuelle des citoyens. Les agens subalternes, créés et révoqués par le préfet selon les besoins du service de son administration, n'exercent aucun acte qui émane de leur volonté propre; ils n'ont de pouvoir que celui qui leur est conféré par le mandat dont ils doivent être porteurs; sans ce mandat ils sont incapables d'agir; sauf les cas de crime flagrant, où ils partagent avec tous les assistans le droit d'arrestation; leur mission se borne à observer et à rendre compte de ce qu'ils ont vu et entendu, à l'autorité supérieure qui les emploie.

Mais, ajoute le ministère public, la nécessité veut que les agens même les plus inférieurs de la police, aient le droit d'appréhender et de conduire devant le juge, tout citoyen qui trouble la tranquillité publique par un attentat aux personnes ou aux propriétés, alors même que le fait dont il se rend coupable ne serait pas assez grave pour entraîner une peine afflictive et infamante; sans ce pouvoir, la police deviendrait impossible dans les grandes cités.

A cette objection, plusieurs réponses se présentent. La première, qui pourrait dispenser de toute autre, c'est qu'on n'invoque ici que des considérations propres, sans doute, si elles sont fondées, à appeler l'attention du législateur sur les moyens à employer pour assurer la police des grandes villes, mais impuissantes pour faire investir du droit d'arrestation des agens sans responsabilité, auxquels la loi ne l'accorde pas.

Ensuite, il ne faut pas oublier qu'il ne s'agit du droit d'arrestation qu'à l'égard des citoyens domiciliés et pour de simples délits passibles seulement de peines correctionnelles.

Le domicile suppose que les liens qui attachent le citoyen à
la société sont plus forts que la crainte d'encourir une peine
correctionnelle ; c'est une garantie qu'il viendra rendre
compte de sa conduite au magistrat lorsqu'il sera appelé à
comparaître devant lui. Cette garantie ne cesse de protéger
sa liberté qu'autant que le citoyen domicilié est prévenu de
l'une de ces graves atteintes à l'ordre social, que la loi punit de peines afflictives et infamantes, parce qu'alors la
présomption est, au contraire, que le coupable préférera
la fuite au supplice et à l'infamie. Telle est l'économie du
Code d'instruction criminelle sur l'arrestation des inculpés ;
l'article 40 notamment établit la distinction entre les domiciliés et les non domiciliés, quand il dispose que la dénon-
ciation seule ne constitue pas une présomption suffisante
pour décerner le mandat d'amener contre un individu ayant
domicile.

Mais est-il vrai de dire que les délits seraient impunis dans
les grandes cités, si le droit d'arrestation, sans mandat de
justice, était refusé aux agens subalternes de la police, hors
le cas de crime flagrant ?

Dans les grandes villes, comme dans les petites localités,
le domicile est un gage suffisant pour la société que le citoyen ne rompra pas tous les nœuds qui l'attachent à la cité,
qu'il ne consentira pas à s'expatrier dans le seul but d'échapper à une peine correctionnelle. Aussi serait-on embarrassé
de citer beaucoup d'exemples capables de justifier les appréhensions du ministère public.

Pour concevoir une semblable crainte, il faudrait, au reste,
oublier l'organisation de la gendarmerie, et faire entière
abstraction des pouvoirs que la loi a conférés à ces agens
à la fois civils et militaires de la puissance publique.

En effet, la loi du 28 germinal an VI, répétée par l'ordonnance royale du 29 octobre 1820, en accordant à cette autorité mixte le droit d'arrêter les délinquans pour les conduire
devant le juge, et en lui conférant ce pouvoir dans des cas

qui, bien que spéciaux et déterminés, comprennent le plus
grand nombre des attentats flagrans aux personnes et aux
propriétés, même lorsqu'ils ne constituent que des délits, a
pleinement satisfait à ce besoin de main-mise et d'appréhension immédiate qu'on voudrait attribuer aux agens subalternes de la police.

N'est-ce donc pas assez pour la sécurité publique, et pour
assurer la répression de tous les délits qui peuvent être
commis par des citoyens domiciliés, de quatorze à quinze
mille gendarmes répandus sur tous les points du royaume,
et deux ou trois mille spécialement attachés au service de
la capitale, exerçant individuellement le droit d'arrestation,
sans étendre ce pouvoir à tous les agens les plus inférieurs de
la police, agens sans garantie aucune, et dont le nombre n'a
d'autres limites que la volonté du préfet ou de ses chefs de
bureau ?

Tels sont les graves motifs qui ont fait penser à M. Isambert que, hors le cas de crime flagrant, les agens inférieurs
et innommés de la police administrative n'ont aucune autorité sur la liberté des citoyens, à moins qu'ils ne soient porteurs d'un mandat de justice. Ces raisons vont se fortifier
encore des explications dans lesquelles nous allons entrer,
relativement aux officiers de paix qui, dans son opinion,
n'ont pas plus le pouvoir d'arrestation ou d'appréhension
que les agens subalternes.

Comment, en effet, M. Isambert a-t-il été conduit à comprendre les officiers de paix dans la doctrine qu'il a professée
à l'égard des agens subalternes de la police ?

On pourrait supposer qu'au moment où il a écrit, il n'a
pas eu présentes à la mémoire les différentes lois qui ont
institué, puis supprimé, puis recréé vingt-quatre officiers
de paix pour la ville de Paris ; car il n'en cite aucune, et
comme elles sont déjà anciennes, elles ont pu facilement
échapper à ses souvenirs.

Mais une hypothèse plus vraisemblable peut-être, en

raison de l'érudition de l'auteur, c'est que, connaissant ces lois, il les a passées sous silence parce qu'il les a regardées comme abrogées, ainsi que tant d'autres, par le Code d'instruction criminelle.

Il les a regardées comme abrogées, d'abord parce que le Code d'instruction criminelle est la loi générale de la matière; ce Code définit les attributions de la police judiciaire, il en énumère les différens agens depuis le garde-champêtre jusqu'au préfet, et, dans cette énumération, on ne voit pas figurer les officiers de paix, quoiqu'elle comprenne expressément les commissaires de police. (Art. 9 et 10.)

Il les a regardées comme abrogées parce que les dispositions de la loi nouvelle, jointes à celles des lois et ordonnances sur la gendarmerie, satisfont à tous les besoins de l'ordre public, à toutes les exigences même du pouvoir.

Il les a regardées comme abrogées, parce qu'elles se combinaient avec un ordre de choses, qui n'est plus celui qui nous gouverne actuellement; parce que le pouvoir d'arrestation qu'elles confiaient aux officiers de paix n'a plus d'utilité aujourd'hui que la gendarmerie est plus fortement constituée; parce qu'enfin ce pouvoir ne leur était conféré que sous des conditions, et moyennant des garanties que les officiers de paix ont cessé d'offrir à la société.

Qu'on parcoure, en effet, la loi des 21—29 septembre 1791, et les arrêtés subséquens de l'an IV, de l'an VIII et de l'an X relatifs à ces agens? on voit qu'ils ne devaient se montrer au peuple, que comme agens de l'autorité, un bâton blanc à la main avec un costume des plus apparens (1) et une arme

____

(1) *Arrêté du 19 Nivôse an X.*

Art. 1er. Le costume des officiers de paix est réglé, pour l'avenir, de la manière suivante : habit bleu, collet et parement écarlate; gilet, culotte ou pantalon rouge ; un ga'on d'argent au collet et au parement seulement, de la largeur de deux centimètres; chapeau uni à da fran-

ostensible au côté; en un mot, avec tous les signes extérieurs et visibles de la puissance publique. On y voit que,
dans l'origine, fonctionnaires publics pour un temps déterminé, ils étaient institués par les municipalités, et qu'ensuite, ils furent à la nomination du Roi. Leurs noms figu-
raient même avec leurs adresses dans l'*Almanach royal*,
comme ceux des commissaires de police, parce que, comme
eux, ils étaient officiers de police judiciaire et fonctionnaires
de l'état.

C'est, il faut bien se pénétrer de cette vérité, c'est sous
la foi de ces garanties si rassurantes que la loi les avait investis du pouvoir d'arrêter les citoyens.

Aujourd'hui les agens de police connus sous le nom d'officiers de paix, ne portent plus le bâton, symbole de la
puissance publique; ils n'ont plus de costume, ni même
de signe apparent qui serve à les distinguer et à les faire
reconnaître comme agens de l'autorité : bien plus, leur nomination n'émane plus du Roi, ils sont choisis par M. le
préfet de police ou par le ministre. Ajoutons que leurs
noms et leurs demeures ont disparu dès long-temps de l'*Almanach royal*, et qu'on ne saurait les découvrir sans le secours de la Préfecture de police.

Comment donc reconnaître dans ces agens les fonctionnaires publics, *les constables* que la loi de 1791 et les lois
suivantes avaient entendu établir ? comment leur conférer

çaise, avec gause d'argent pareille au galon du collet et du parement,
sans autre ornement ; bouton blanc uni portant ces mots : *la paix*; un
sabre suspendu par une bandoulière de peau blanche.

— Ils (les officiers de paix) porteront, pour marque distinctive, un
bâton blanc sur lequel seront gravés ces mots : *Force à la loi*. (Art. 5
de la loi du 23 floréal an IV.)

— Les membres des bureaux centraux, les commissaires de police et
les *officiers de paix* seront nommés par le premier consul, sur la présen-
tation du ministre de la police générale. (Arrêté du 29 nivôse an VIII.)

le droit de main mise sur les citoyens, lorsqu'ils n'offrent plus à la société les garanties que la loi avait exigées d'eux, contre l'abus qu'ils pourraient faire de ce pouvoir? Les lois qui les ont institués, abrogées ou tombées en désuétude dans leurs dispositions protectrices de la liberté, ont-elles pu survivre dans celles qui ne seraient propres qu'à la compromettre?

Que les gendarmes commandent l'obéissance aux citoyens, qu'ils aient le pouvoir de les arrêter dans tous les cas déterminés par la loi de l'an VI, et par l'ordonnance de 1820, cela se conçoit. La gendarmerie n'a pas cessé d'être ce qu'elle était lors de son institution; la sagesse de son organisation, la rigueur de sa discipline, les conditions sévères exigées pour la nomination des gendarmes, le costume imposant dont ils sont revêtus, la solennité du serment qu'ils prêtent avant d'entrer en fonctions, rassurent aujourd'hui comme autrefois la société, sur l'emploi de la force qu'elle a déposée dans les mains de cette milice estimable.

On n'en saurait dire autant des officiers de paix. Tout a changé pour eux : de fonctionnaires publics nommés par le Roi, qu'ils étaient, ils ne sont plus aujourd'hui qu'agens commissionnés et révocables au gré du ministre ou du préfet de police. Ils n'ont plus ni le costume, ni les insignes et les attributs extérieurs des dépositaires de l'autorité publique; dépouillés du caractère d'officiers de police judiciaire auquel le droit d'arrestation était essentiellement attaché, ils ont nécessairement perdu le droit d'arrestation lui-même. Les officiers de paix n'ont aujourd'hui que des fonctions de surveillance et d'investigation que les derniers agens exercent avec eux et sous leurs ordres; en un mot, ils ont passé de la police judiciaire à la police administrative, et n'ont retenu de leur ancien titre que le nom.

Voilà, en abrégé, par quelle suite d'idées M. Isambert a pu penser que les officiers de paix n'avaient pas plus que les agens subalternes et innommés de la police le droit d'arrêter, sans mandat, les citoyens domiciliés, hors le cas de crime flagrant.

S'est-il trompé en adoptant cette opinion ? On consent à le supposer quoique les plus solides de ses raisonnemens attendent encore la réfutation de l'organe du ministère public, qui cependant a fait preuve, dans cette cause, d'une habileté peu commune.

Mais si l'on concède que M. Isambert est tombé dans l'erreur, si nous renonçons à soutenir sa doctrine, on nous accordera aussi, témoins les efforts du ministère public pour les combattre, que ses argumens sont sérieux, qu'ils étaient de nature à faire impression sur un esprit éclairé, qu'ils ont pu motiver l'opinion d'un jurisconsulte grave et déterminer la conviction de M. Isambert.

Or, cette concession nécessaire, détruit, dans son principe, le système de l'accusation ; elle dispense le juge de rechercher ailleurs que dans la nature même des questions agitées par M. Isambert, la preuve de sa bonne foi et de son éloignement de toute intention coupable ; car, on ne peut trop le répéter, l'erreur d'un jurisconsulte sur un point de droit sujet à controverse, ne saurait jamais lui être imputée à crime, et celle que M. Isambert aurait commise serait d'autant plus pardonnable, qu'elle ne porterait que sur une seule et la moins grave par son objet, des différentes questions qu'il a discutées dans le cours de son article.

Du reste, et s'il pouvait rester quelques doutes sur l'innocence du sentiment qui a présidé à la rédaction de cet article, il suffirait de se rappeler les circonstances dans lesquelles M. Isambert a été appelé à le composer, le soin qu'il a pris de restreindre l'application de sa théorie aux citoyens *domiciliés qu'on voudrait arrêter arbitrairement et qui ne se sentiraient pas coupables,* et même de modérer par des recommandations pleines de prudence et de sagesse ce qui pouvait rester encore d'absolu dans ses doctrines, pour bannir toute

idée d'un appel aux passions populaires, d'une provocation, même *indirecte*, à la désobéissance aux lois.

A plus forte raison ne saurait-on voir dans son écrit les
caractères de la provocation *directe* qui seule peut constituer
un délit, aux termes exprès des articles 1 et 6 de la loi du 17
mai 1819 dont le ministère public réclame l'application à
M. Isambert.

M. Isambert n'a dit nulle part : « La loi est vexatoire,
tyrannique, odieuse; on doit lui désobéir, on peut se
révolter contre les agens qui l'exécutent. » Loin de calom-
nier la loi, loin de la signaler à la haine et au mépris des
citoyens, c'est au nom de la loi qu'il a parlé, c'est la loi
qu'il a voulu faire respecter, et, pour la faire respecter, il a
cherché à l'expliquer et à la faire comprendre. Encore une
fois, il a pu se tromper dans l'interprétation qu'il lui a don-
nee; mais quel est l'écrivain infaillible? Quel est le publiciste
qui voudrait désormais discourir sur les lois criminelles, ou
le jurisconsulte entreprendre de les commenter, si ses er-
reurs pouvaient être transformées en délit de provocation à
la désobéissance aux lois et à la révolte?

Délibéré à Paris le 15 décembre 1826.

DALLOZ.

GUICHARD père.   COTELLE.
GUÉNY.   TAILLANDIER.
BUCHOT.   ROGRON.
LASSIS.   HUARD.
JOFFROY.   MAUROY.
SCRIBE.   Edm. BLANC.
NICOD.   CESSAC, Avocat à la Cour
GODARD SAPONAY.   royale, ancien Avocat à la
MACAREL.   Cour de cassation.

Imprimerie Anth^e. Boucher, rue des Bons-Enfans, n. 34.

CONSULTATION

DE

Me. LE GRAVEREND.

Le conseil soussigné ,

Consulté par M. Isambert à l'occasion des poursuites dirigées contre lui et contre divers autres individus, à raison de notes relatives aux arrestations arbitraires, insérée d'abord dans la *Gazette des Tribunaux* et répétées dans plusieurs journaux; 1°. Sur la question de savoir si les agens de police connus sous le nom *d'officiers de paix*, et rétablis à Paris par une loi du 23 floréal an IV (12 mai 1796) ont continué de jouir du droit d'arrestation qui léur était accordé par l'art. 3 de cette loi ; 2°. Sur le droit extraordinaire d'arrestation résultant du *flagrant délit ;* est d'avis des résolutions suivantes :

1°. Les officiers de paix ont pu, jusqu'à la promulgation du Code d'instruction criminelle de 1810, exercer le droit d'arrestation, dans les cas, de la manière et suivant les formalités déterminés par la loi du 23 floréal an IV.

Mais depuis que le Code de 1810 a été en vigueur, les officiers de paix ont cessé d'avoir une existence légale, du moins quant au droit d'arrestation qui leur avait été conféré par la loi de l'an IV.

2 S'ils ont continué d'exister, leurs attributions ont dès-lors

été restreintes à des fonctions administratives, et quoique d'un ordre plus relevé que les agens ordinaires de police, à raison de leur origine consacrée par une loi, leur pouvoir n'a cessé d'être plus étendu, en ce qui concerne la liberté des citoyens.

Le Code d'instruction criminelle de 1810 a donné la nomenclature des magistrats, fonctionnaires, ou agens qui, les uns d'une manière absolue, en vertu de l'éminence de leur dignité ou de la commission spéciale qu'ils ont reçue du souverain, ont le droit de décerner toute espèce de mandats d'arrêt, de dépôt, d'amener ou de comparution, et même celui de déléguer leur pouvoirs; les autres, dans des cas déterminés, ont personnellement une autorité égale ou analogue, avec diverses restrictions, d'autres ont des droits égaux ou plus restreints, comme auxiliaires désignés par la loi; d'autres enfin n'ont le droit d'arrestation que pour certains crimes ou délits spécifiés. (*Voyez* les sept premiers chapitres du Code d'instruction criminelle.)

Le même Code a prévu des circonstances extraordinaires, qui pourraient étendre la limite des droits respectifs de divers fonctionnaires ou agens, relativement au droit d'arrestation; et ces cas extraordinaires sont ceux de *flagrant délit*, tel que la loi le définit, et les cas qu'elle réputo tels ou qu'elle y assimile. (Art. 32, 41, 49, 59, 106, du Code d'instruction criminelle.)

Ainsi les *officiers de paix* n'étant point dénommés dans le Code d'instruction criminelle, au nombre des agens qui sont reconnus comme officiers de police judiciaire; le préfet de police n'ayant reçu lui-même de la loi, que le droit de faire personnellement ou de *requérir* les *officiers de police judiciaires*, de faire tous les actes nécessaires pour constater les crimes, les délits etc, et en livrer les auteurs aux

Tribunaux ; mais n'ayant nullement la faculté de *déléguer* ses *droits personnels* à qui que ce soit ; enfin les juges de paix, devant lesquels les officiers de paix étaient tenus de conduire immédiatement les individus arrêtés par eux, n'étant plus eux-mêmes que des officiers de police judiciaire, *auxiliaires* du procureur du Roi, il est évident que les officiers de paix, sont comme tous les agens ordinaires de police, sans qualité comme sans droit, pour arrêter un citoyen, et que l'art. 3 de la loi du 23 floréal an IV, n'a point survécu à l'existence du Code d'instruction criminelle de 1810.

« Si l'opinion du conseil soussigné avait besoin d'être corroborée de celle des dépositaires de l'autorité, il en trouverait l'expression dans des actes publics émanés soit du ministère de la police générale, soit du garde-des-sceaux, ministre de la justice, à des époques remarquables, et à l'occasion de lois relatives à la *sûreté publique*.

« L'état actuel de la législation (disait le premier de ces
» ministres, le 2 novembre 1815, dans sa circulaire con-
» cernant la loi du 29 octobre précédent,) n'a point éprou-
» vé de changement relativement à la poursuite des crimes...
» le législateur s'est surtout attaché à prévenir l'arbitraire ;
» il a voulu d'abord que l'exécution de la loi ne fût confiée
» qu'aux *fonctionnaires revêtus d'un caractère légal*, et qu'au-
» cun mandat ne fût décerné que par les magistrats, à qui
» le Code d'instruction criminelle confère ce pouvoir ; vous
» savez que, hors le cas de *flagrant délit*, ce droit n'appar-
» tient qu'aux juges d'instruction, aux préfets de départe-
» mens, et au préfet de police à Paris.

« » L'art. 2 de la loi du 29 octobre dernier (disait le mi-
» nistre de la justice dans sa circulaire du 8 décembre 1815),
» a restreint autant qu'il était possible le droit d'arrestation
» en ne l'attribuant qu'aux seuls fonctionnaires à qui les

» lois confèrent le pouvoir de décerner des mandats, c'est-
» à-dire aux juges d'instruction, et aux préfets qui, d'après
» l'art. 10 du Code d'instruction criminelle, peuvent faire
» personnellement, ou requérir les officiers de police
» judiciaire, chacun en ce qui le concerne, de faire tous
» actes nécessaires, etc......

» Il résulte de ces dispositions que ni les procureurs du
» roi, excepté dans les cas prévus par les art. 34 et 100 du
» Code, ni les officiers de police auxiliaires ne peuvent or-
» donner les arrestations... et que, dans le cas de *flagrant*
» *délit*, ils ne peuvent que faire saisir le prévenu, afin de
» le renvoyer immédiatement devant l'une des autorités
» compétentes pour décerner les mandats.

(Ces deux circulaires, imprimées dans le temps, ont été
recueillies dans le *Traité de législation criminelle*, tom. 1er.,
p. 273, 274, 275 et 276 de la première édition, et p. 309,
310, 311 et 312 de la deuxième.)

Et si, dans un moment où des lois extraordinaires de sûreté publique étaient jugées nécessaires, MM. le garde-des-
sceaux, ministre de la justice, et le *ministre de la police
générale* reconnaissaient que personne autre que les magistrats ou les fonctionnaires désignés par le Code d'instruction criminelle, ne pouvait exercer le droit d'arrestation,
même dans ces momens difficiles, si au lieu de mentionner
les *officiers de paix* parmi les agens investis du droit d'arrestation, ces deux ministres reconnaissaient que tout ce qui
n'était pas compris dans le Code d'instruction criminelle ne
pouvait prétendre à l'exercice de ce droit; s'ils s'attachaient
avec tant de soin à réprimer toute disposition qui aurait
eu pour objet de donner de l'extension au pouvoir même
des officiers auxiliaires de police, il est incontestable qu'ils
reconnaissaient formellement que les *officiers de paix* avaient

été privés par le nouveau code du droit de faire des arrestations, et qu'en soutenant cette doctrine, on ne fait que répéter ce que disaient, il y a onze ans, le ministre de la justice et le ministre de la police, et ce qui résulte d'ailleurs
d'une manière évidente des dispositions même du code
d'instruction.

2°. Quant à la définition du *flagrant délit*, le Conseil
rappelle, que le code d'instruction criminelle l'a donnée
(art. 32 et 41), et qu'il n'est pas permis de s'en écarter
pour étendre d'un cas à un autre les attributions et les
droits extraordinaires que confère ou que fait naître l'état
de flagrant délit. Il sait que quelquefois des officiers du ministère public ont professé une doctrine contraire, et qu'on
la retrouve notamment dans une circulaire émanée du par-
quet de Paris, et consignée dans un ouvrage de jurisprudence criminelle; mais il sait aussi que cette doctrine que
contrarie la disposition textuelle du Code, n'a même jamais
été accueillie, soit par le ministère de la justice, soit par
le Gouvernement, puisque l'ordonnance sur la gendarmerie, publiée en 1820, long-temps après l'émission de cette
circulaire, ordonnance concertée entre les divers ministres
pour les dispositions qui se rattachaient à leurs attributions
respectives, rappelle dans ses articles 155, 156 et 157, la
sage distinction du Code et la restriction des cas de *flagrant
délit* aux faits emportant peine afflictive ou infamante.

Le Conseil ne se dissimule pas, comme il l'a dit dans
son *Traité de législation criminelle*, que les dispositions de
la loi sur le flagrant délit sont de nature à offrir dans l'exécution des difficultés réelles; mais ces difficultés sont précisément ce qui doit mettre au grand jour la sagacité des ad-
ministrateurs habiles, pour concilier les mesures de sûreté
publique avec le respect dû à la liberté des citoyens.

le doute, il faut toujours adopter le parti le plus favorable à cette liberté ; c'est le seul moyen de se diriger d'après les termes et l'esprit de la loi.

Le Conseil pense que, dans quelques circonstances extraordinaires, lorsque de simples délits, commis sur la voie publique, seraient de nature à troubler la tranquillité commune, des officiers de police judiciaire ou administrative, ou des agens de la force publique, chargés actuellement de protéger l'ordre, *et revêtus de leurs insignes*, pourraient, *sans s'exposer à être recherchés et punis comme coupables d'arrestation arbitraire*, saisir les auteurs de ces délits, qui se commettraient ou viendraient d'être commis, à l'effet de les conduire immédiatement devant le procureur du roi, et que les citoyens pourraient en user de même à l'égard de simples délits commis contre leur personne ou leur propriété, si le fait dont ils auraient souffert les constituaient, en quelque sorte, dans un état de défense légitime ; mais ces exceptions rares qui peuvent autoriser l'arrestation ne la rendent pas même régulière, et elle devient seulement excusable à cause du motif.

3°. Quant au droit de résistance à des actes illégaux ou à des arrestations faites illégalement par des agens de l'autorité, le conseil soussigné ne croit pas devoir examiner ici avec détail cette question déjà si bien et si éloquemment traitée dans des consultations et dans des plaidoyers relatifs à la cause ; mais il estime que, malgré quelques arrêts de la cour de cassation dont on pourrait induire que cette cour ne reconnaîtrait pas ce droit de résistance, la jurisprudence n'est point fixée par ces arrêts relatifs à des espèces particulières. Il rappelle que d'autres arrêts rendus par la même Cour, dans des espèces différentes, semblent autoriser l'examen et la résistance, et il pense que deux arrêts de la cour royale de Lyon , en date du 10 juin 1824 et du mois de septembre 1826 , contiennent à cet égard les vrais principes et sont fondés sur les codes en vigueur et sur l'art. 4 de la Charte constitutionnelle qui domine toutes les discussions relatives à la liberté individuelle , au droit d'arrestation et à l'exercice de ce droit.

Délibéré à Paris , le 11 décembre 1826.

LE GRAVEREND.

CONSULTATION

DE

M. HENNEQUIN.

————— ◆ —————

Le Conseil soussigné, qui a pris lecture,

1°. De l'article inséré par la *Gazette des Tribunaux*, dans son Numéro du 14 septembre 1826 ;

2°. Du réquisitoire donné le même jour par le ministère public ;

3°. De l'interrogatoire de MM. Isambert et Darmaing ;

4°. Ensemble de plusieurs pièces de la procédure.

Estime que M°. Isambert ne s'est point rendu coupable du délit prévu, soit par l'art. 217 du Code pénal, soit par les articles 1°. et 6 de la loi du 17 mai 1819, et qu'en conséquence il doit être renvoyé de l'accusation portée contre lui.

La justification de cette résolution va résulter des réflexions suivantes.

Tous les agens de l'autorité publique n'ont pas indistinctement le droit d'attenter à la liberté des citoyens.

Cette vérité résulte trop évidemment du livre I°., chapitre 1°., art. 9 et 10 du Code d'instruction criminelle, pour qu'on puisse essayer de la révoquer en doute.

Le livre I°. est intitulé : *De la Police judiciaire et des officiers de police qui l'exercent ;* ainsi la police ne peut être exercée que par certaine classe d'officiers publics que le législateur a pris soin de déterminer.

L'art. 9 contient l'énumération de huit catégories de fonctionnaires publics à qui seuls la loi reconnaît ou, pour mieux dire, impose le caractère d'officiers de police judiciaire.

L'art. 10 (*dignitatis causâ*) fait une classe à part des préfets des départemens et du préfet de police à Paris, et donne à ces hauts fonctionnaires le droit d'exercer personnellement ou par voie de réquisition les fonctions de police judiciaire.

C'est parmi les fonctionnaires à qui la loi reconnaît l'aptitude aux fonctions de la police judiciaire que les préfets doivent choisir leurs délégataires.

Au surplus, ce n'est pas toujours et dans toutes les circonstances que les officiers de police judiciaire reconnus par la loi peuvent exercer ce droit si redoutable d'arrestation provisoire dont l'exercice peut entraîner des conséquences quelquefois irréparables pour l'honneur, pour la fortune du citoyen provisoirement privé de sa liberté.

Dans le cas de flagrant délit ou d'un mandat d'amener, et dans quelques circonstances encore, comme le vagabondage et la mendicité, l'officier de police judiciaire peut sans doute sommer les inculpés de le suivre et même les y contraindre. Hors des hypothèses signalées par la loi, l'officier de police arrête provisoirement, il commet un acte arbitraire qui peut entraîner contre son auteur la peine portée au Code pénal, titre *des Arrestations arbitrales et Séquestrations de personnes*. Cette vérité que la résistance aux officiers de police judiciaire , même revêtus des marques distinctives de leurs fonctions, peut quelquefois être légale , a été développée devant la Cour de cassation dans un procès de rébellion, par M. Merlin, alors procureur-général. « Si les gendarmes

» Duloi et Hartmann, disait-il (*V°. Rebellion*, pag. 749 ,
» première colonne) , s'étaient introduits de force dans la
» maison de Jean Laballe, et que, dans l'intérieur de cette
» maison, ceux qui l'habitaient leur eussent résisté, même
» avec des armes, cette résistance n'aurait pas le caractère
» de rébellion. Sans doute, alors cette résistance eût été
» doublement légitime, *et par la circonstance qu'il était nuit,*
» *et par la circonstance que les gendarmes Duloi et Hartmann*
» *n'étaient ni porteurs d'un mandat spécial de justice, ni ac-*
» *compagnés du maire ou de son adjoint.* »

Ces circonstances dont vient de parler l'auteur du *Réper-*
toire, se sont retrouvées dans un procès qui, au mois d'octobre 1807, fixa l'attention de la Westphalie, alors occupée
par l'armée française.

Des gendarmes s'étaient, pendant la nuit, présentés dans
un village du pays d'Osnabruck pour lever des contributions;
point de mandat qui les autorisât à cette démarche, absence
de l'autorité civile et municipale; toutes les circonstances de
la fraude et de la violence. Aussi la résistance la plus vive
est-elle opposée à cette agression nocturne. Le tocsin ras-
semble tous les paysans des communes environnantes. Les
gendarmes sont repoussés; les faits étaient constans et l'accusation s'aggravait encore du danger d'abandonner la police militaire de l'armée et en général les Français à la haine
des vaincus. Et cependant les accusés furent absous. Il était,
en effet, évident que les habitans n'avaient pu reconnaître à
l'invasion de leurs domiciles faite pendant la nuit, sans ordre
et sans le concours du bourgmestre, l'action légale de la
gendarmerie. La doctrine de la défense personnelle proté-
geait les accusés de son égide.

Il semble au premier coup-d'œil que la sécurité du premier gouvernement de pays conquis était attachée à la
condamnation et cet acquittement pénétra les Wesphа-

liens de reconnaissance et de soumission. Aussi toutes les
autorités supérieures de l'armée, s'empressèrent-elles d'ap-
plaudir à la décision du conseil. Tant il est vrai que l'adula-
tion, commet quelquefois, pour complaire au pouvoir des
crimes que le pouvoir ne lui demande pas.

Il reste donc démontré que tous les fonctionnaires publics
n'exercent pas la police judiciaire ; que tous ils n'ont pas le
droit de livrer aux tribunaux les délinquans ou réputés tels ;
et que les officiers de police judiciaire, eux-mêmes, ne peuvent agir que dans certaines circonstances, et avec certaines
formalités.

Or, quels officiers peuvent être reconnus pour officiers de
police judiciaire ? Dans quel cas ont-ils le droit d'agir sans
autorisation spéciale ? quelles formes doivent-ils observer
lors de l'arrestation ? Toutes ces questions si intimement
liées à l'exercice de la liberté individuelle, rentrent dans le
domaine du jurisconsulte, du criminaliste, qui, s'il errait dans
la solution de ces problèmes de législation et de droit, ne
pourrait cependant pas être considéré comme coupable d'a-
voir provoqué à la révolte.

Or, cette mission du jurisconsulte et du criminaliste est
précisément celle qu'a remplie l'avocat à la Cour de cassation inculpé, lorsqu'il a envoyé les notes incriminées à la
Gazette des Tribunaux. Des arrestations avaient eu lieu ; la
question était proposée à M⁰. Isambert qui en en donnant la
solution, est resté dans les limites de son état, et ne peut-être
condamné comme ayant eu l'intention, lors même qu'il se
serait trompé, d'exciter ses concitoyens à la rébellion et au
tumulte.

On ne conçoit pas, en effet, de crime ni de délit sans intention coupable.

Toutes les fois qu'il est permis d'expliquer les paroles d'un
auteur par une intention honorable et pure, c'est à cette in-

terprétation qu'il faut s'arrêter : la possibilité d'une intention différente ne justifierait pas l'accusation ; dans le doute, c'est en faveur de l'accusé ; c'est pour la thèse de l'innocence que le juge doit se décider.

Et si l'on considère la position sociale de Mᵉ Isambert, et la nature des engagemens que lui impose sa profession, le doute n'est pas même permis.

Le premier moyen qui repousse l'accusation, c'est l'innocence des intentions de l'article. Et d'ailleurs un écrit renfermant des doctrines générales sur la liberté individuelle et sur les arrestations arbitraires, n'a pas le caractère défini par le Code pénal et par la loi de 1819.

Le provocateur ou complice de la rébellion est assimilé par la loi, à l'auteur de la rébellion lui-même. Il faut donc, pour se faire une idée du délit imputé à Mᵉ Isambert, méditer avec attention la section 4, chap. 3, du Code pénal, qui traite *de la résistance, désobéissance ou autres manquemens à l'autorité publique.*

Une réflexion dont le conseil soussigné s'est pénétré à la lecture de cette section, c'est que le législateur ne s'y est occupé que de la rébellion *effectuée,* ou de la provocation qui se propose de paralyser des ordres déjà donnés par l'autorité.

« L'art. 209 parle de toute attaque, de toute résistance avec violence ou voies de fait, envers les officiers ou agens de la police judiciaire et administrative. » Il ne s'agit ici que d'une rébellion consommée.

L'art. 217, qui s'occupe de la provocation au crime défini par l'art. 209, ne s'applique aussi qu'à celui qui provoque la résistance à des ordres déjà donnés, à des sommations faites, à une perception réclamée.

Ainsi, un écrit qui enseigne aux citoyens qu'ils ne doivent pas obéir à des ordres émanés de l'autorité publique, qui les engage à ne pas acquitter les impôts, se trouve dans les termes de la loi pénale; mais il est impossible d'y faire rentrer des doctrines générales sur le caractère, la compétence et l'autorité de ces officiers de paix, de ces agens de police, qui peuvent être utiles, sans doute, au magistrat qui les emploie, mais à qui la loi ne donne aucune juridiction, et dont le nom même ne se trouve pas prononcé par le Code pénal.

Aussi le ministère public n'a-t-il vu dans l'article de M^e. Isambert que des attaques qui pourraient, *suivant les circonstances*, *caractériser le délit prévu par les art.* 209, 210, 211, 212 et 218 *du Code pénal.*

Or, il paraît au soussigné que pour que l'article fût justiciable des tribunaux correctionnels, il faudrait que, d'après les circonstances déjà acquises et révolues, cet article constituât, dès à présent, le crime de provocation prévu et défini par la loi.

L'art. 1er. de la loi du 17 mai 1819, ne reçoit pas ici une plus juste application; cet article parle de quiconque a provoqué l'auteur ou les auteurs de toute action qualifiée crime ou délit à le commettre, le déclare complice et veut qu'il soit puni comme tel.

Il ne s'agit dans cet article que de la provocation à un fait déterminé, à *un acte particulier et consommé,* et dont on punit le provocateur comme coupable de complicité. Mais assurément, à l'occasion d'une révolte, on n'assignerait pas comme complices tous les écrivains dont les doctrines dangereuses aux yeux de l'accusation, seraient signalées comme ayant égaré les auteurs du crime; ce n'est pas là le sens de la provocation punie par l'art. 1er; réflexion qui s'applique encore à l'art. 6 de la loi du 17 mai 1819.

Le second moyen de défense, c'est donc la certitude que l'écrit inculpé ne rentre, sous aucun rapport, dans les cas prévus par les lois pénales.

Le troisième, tiré du fond même des choses, c'est que l'officier de police ou l'agent de police n'étant pas au nombre des officiers de police judiciaire, il n'a pas le droit de priver, même momentanément, un citoyen de sa liberté.

Et si quelques doutes peuvent s'élever sur la compétence des officiers de paix, sur la légitimité de la résistance à des voies d'exécution considérées comme ultra-légales (*V.* l'arrêt de la Cour de Lyon déjà cité au procès); si des controverses s'élèvent sur la possibilité s'applique à certaines réquisitions, à certains officiers et dans certaines circonstances, la doctrine de la défense personnelle professée par M. Merlin devant la Cour de cassation, ces doutes, ces débats eux-mêmes sont l'absolution du jurisconsulte qui, entraîné par un noble élan, a pu se tromper sans pensée coupable et sans crime. L'article inculpé considère comme un *devoir* une résistance qui ne doit être signalée que comme un *droit.* On reconnaît ici l'influence presque irrésistible qu'exerce quelquefois sur les meilleurs esprits une conviction profonde, et qui stipule pour la liberté et pour l'honneur. Mais c'est dans sa conviction même que M*. Isambert trouvera la preuve de son innocence, et le gage de son absolution.

Les magistrats graves et consciencieux qui sont les juges de M. Isambert, liront et reliront avec leur timoration accoutumée l'article incriminé, et ne séparant pas des propositions qui ont excité la sollicitude du ministère public, de la position même de leur auteur, ils verront seulement dans l'écrivain le jurisconsulte répondant à une question du plus sérieux et du plus universel intérêt. Ajoutons qu'ainsi encore les magistrats s'expliqueront le concours en faveur du prévenu et de sa cause des avocats du barreau, en qui assurément on ne trouvera jamais ni des fauteurs ni des apologistes de la provocation à la rébellion.

Délibéré à Paris, le 14 décembre 1826.

HENNEQUIN.

THÉVENIN PÈRE.
BILLECOCQ.
ARCHAMBAULT.
DELACROIX-FRAINVILLE.
TRIPIER.

Imprimerie Anth^e. Boucher, rue des Bons-Enfans, N°. 34.

CONSULTATION

DE

M. BOURGUIGNON.

LE CONSEIL SOUSSIGNÉ, après avoir lu avec la plus sé-
rieuse attention, 1°. l'article inséré dans le N°. 283 de la
Gazette des Tribunaux, sous le titre *des Arrestations arbitraires*, etc., *signé* ISAMBERT, avocat à la Cour de cassation;
2°. la consultation délibérée le 4 de ce mois par M°. Berville.

Adopte sans réserve les résolutions fort bien déduites
dans la consultation de son honorable confrère M°. Berville.

Qu'il lui soit permis d'ajouter, qu'il n'a point été influencé
dans son opinion par l'estime et la considération que lui ont
inspirées le beau caractère, la profonde érudition et les émi-
nentes qualités de M°. Isambert, puisque depuis long-temps
le soussigné professe une doctrine qui porte sur les mêmes
bases que l'article inculpé. Voici comment il s'est exprimé sur
cette matière dans la *Jurisprudence des Codes criminels*,
tom. I°., pag. 225:

« Ne faut-il pas distinguer, avec la loi, deux sortes
d'arrestations illégales ?

» Les unes sont celles qui sont commises ou tentées *sans
ordre des autorités constituées et hors les cas où la loi ordonne
de saisir les prévenus.* Elles constituent *les crimes prévus par*

les art. 341, 342, 343 et 344 du Code pénal. Il n'est pas douteux qu'on a le droit d'y résister, même par la force, comme on résiste au vol, à l'assassinat et à tous les autres crimes.

» Les autres sont celles qui s'exécutent en vertu d'un ordre illégal, quoique émané d'un magistrat de l'ordre judiciaire. Elles doivent être aussi réprimées dans les cas déterminés par les art. 114, 115 et 119 du même Code.

» Néanmoins, à l'égard de celles-ci, on conçoit facilement qu'il y aurait un grand danger à permettre aux individus dénommés ou désignés dans l'*ordre* de se constituer juges de la *légalité* ou de la *régularité* de cet ordre, de résister à son exécution et d'opposer la force à la force. Ce serait donner accès à l'anarchie.

» Bien loin d'autoriser une telle résistance, le Code pénal la qualifie de *rébellion* et prononce des peines sévères contre ceux qui s'y livrent avec violence et voies de fait. (Art. 209 et suivans.)

» D'après cette distinction, j'estime que, hors le cas de flagrant délit, lorsque, soit un individu sans caractère, soit un huissier, soit un agent de la force publique, se présente pour arrêter un citoyen *sans aucun ordre* ou *mandat de l'autorité ;* ou, ce qui est la même chose, lorsqu'il *refuse d'exhiber l'ordre ou mandat* dont il est porteur, *la résistance est permise,* même à force ouverte, si elle est indispensable, parce qu'alors l'auteur d'une pareille arrestation se trouve dans le cas de l'art. 341 du Code pénal.

» Mais si l'huissier ou l'agent exhibe un ordre émané de l'autorité, et que le prévenu prétende, ou que ce mandat est illégal, incompétent, irrégulier, ou qu'il ne le concerne pas, n'y étant pas suffisamment désigné, il doit requérir qu'il en soit sur-le-champ référé devant l'officier qui a délivré le mandat, si l'arrestation s'opère dans son arrondissement, sinon devant le juge de paix ou son suppléant; à son défaut, le maire, ou son adjoint, ou le commissaire de police, conformément à l'art. 98. Si cet officier déclare l'ordre régulier, et consent à le viser, le prévenu doit y déférer provisoirement; parce que ce *visa* donne au mandat un caractère légal qui en autorise l'exécution. Cet officier est un intermédiaire désigné par la loi entre l'agent-exécuteur et le prévenu. Son *visa* constate l'existence de l'ordre et lui donne une force d'exécution provisoire; sinon cette comparution devant l'officier n'aurait point d'objet.

» Quant à la seule omission dans un mandat quelconque de l'empreinte du sceau, ou dans un mandat d'arrêt de l'énonciation du fait pour lequel il est décerné, ou de la loi qui déclare que ce fait est un crime ou un délit; elle ne me paraît pas suffisante pour justifier la résistance à son exécution..... Il suffit que le mandat soit émané de l'autorité, pour qu'il faille y déférer; sauf à se pourvoir ensuite pour faire ordonner, s'il y a lieu, l'application de l'art. 112 contre le fonctionnaire qui se trouverait en faute. »

Cette distinction, puisée dans l'art. 4 de la Charte, est conforme aux principes éternels de la justice et de la raison.

Quoique l'article, à raison duquel M⁰. Isambert est poursuivi, paraisse avoir été rédigé avec précipitation, en analysant les propositions qu'il renferme, on reconnaît qu'elles ne sont point contraires à la saine doctrine.

Nous ne reviendrons point sur cette analyse, nous référant sur ce point à la consultation de M. Berville.

Il nous suffira de remarquer que les inculpations ne portent que sur des équivoques.

On n'a peut-être pas assez considéré qu'étant *consulté sur les garanties* de la liberté individuelle, M⁰. Isambert n'a répondu que dans l'intérêt des CITOYENS DOMICILIÉS. La gendarmerie, les officiers et les agens de la police sont principalement institués pour empêcher que cette liberté ne soit troublée, et ils ne peuvent le faire, qu'en surveillant et même en comprimant les individus non domiciliés, tels que les gens sans aveu, les mendians et les vagabonds.

Bien loin de provoquer les citoyens domiciliés à *la ré-bellion*, M°. Isambert leur fait un devoir de *s'enquérir dans quel cas les agens de la force publique et les officiers de police judiciaire ont droit d'arrestation...* l'obéissance à l'agent de police, qui agit sans ordre, ne lui paraît devoir être mise en doute *que par le citoyen qui ne se sent pas coupable.* — Nulle résistance ne doit être opposée dans le cas du *flagrant délit pour crime ; la fuite en pareille circonstance est un indice de cul-pabilité.* — Lors même que la résistance peut être légitime, il avertit qu'on *doit s'abstenir de toute expression injurieuse encors les agens de la force publique.*

Le principal grief du ministère public, se rattache au pas-sage suivant de l'article incriminé : « Toutes les fois qu'un officier de paix ou un autre agent de police se permet d'or-donner des arrestations, la résistance est permise ; car ils ne sont pas qualifiés par la loi, officiers de police judiciaire. Elle est permise *d'une manière passive* envers la gendarmerie, c'est-à-dire en refusant de marcher et en appelant les ci-toyens pour constater les actes de violence dont on serait l'objet. — Mais elle pourrait même être offensive *envers les agens de police qui n'ont aucun caractère légal,* c'est-à-dire que la personne arrêtée pourrait user de la défense personnelle, et repousser la violence par la violence.

Pour incriminer ce passage, il a fallu soutenir, 1°. que la gendarmerie a le droit d'arrestation, du moins dans les trente cas environ déterminés par la loi de germinal an VI; 2°. que, si les *agens subalternes* de la police n'ont pas ce droit, du moins il a été conféré aux *officiers de paix* par la loi du 23 floréal an IV, qui les a rétablis, et par l'art. 38 de la loi du

12 messidor an VIII ; 3°. qu'en proclamant la résistance permise dans tous les cas sans distinction, le passage inculpé a provoqué la désobéissance aux lois et la révolte. Ces propositions, développées avec le plus beau talent à l'audience, ont pu faire un instant illusion ; mais on y a déjà répondu avec tant d'avantage dans les plaidoiries pleines de force et de raison, que pour motiver notre opinion, il nous suffira de nous renfermer dans la discussion du texte des lois invoquées.

La résistance *passive* envers la gendarmerie, conseillée par M°. Isambert, qui se réduit à *prier les citoyens présens de demeurer témoins* de la violence que l'on éprouve, *de donner leurs noms et leurs adresses,* et à marcher ensuite, n'est pas, comme on l'a fort bien établi à l'audience, une résistance effective ; et moins encore une rébellion.

D'ailleurs, la gendarmerie est chargée de trois sortes de fonctions bien distinctes, qu'il faut bien se garder de confondre.

1° Les fonctions habituelles et ordinaires des Brigades *de gendarmerie*, c'est-à-dire des gendarmes réunis en Brigades, consistent à faire des tournées, courses et patrouilles sur les grandes routes ; à recueillir des renseignemens sur les crimes et délits pour en donner connaissance aux autorités compétentes ; à rechercher et poursuivre les malfaiteurs, saisir toute personne surprise en flagrant délit ou poursuivie par la clameur publique, etc., etc. — Il est très vrai que la gendarmerie formée en Brigades, exerçant son service ordinaire sur les grandes routes, conformément au tit. IX de la loi du 28 germinal an VI, aux art. 179 et suivans de l'ordonnance royale du 29 octobre 1820, est autorisée à faire des arrestations dans un certain nombre de cas que l'on porte à trente, et qui se rapportent presque tous à des *délits flagrans* ou *quasi flagrans.* Mais il ne paraît pas qu'il soit venu le moins du monde dans l'idée de M. Isambert, de troubler les Brigades de gendarmerie dans leur service sur les grandes routes non plus que dans les arrestations qu'elles sont autorisées à faire ; puisqu'il n'en est pas dit un seul mot dans l'article inculpé. Les réflexions qu'il s'est permises, ne sont relatives qu'aux arrestations arbitraires, imputées à quelques *agens de police* ; or les Brigades de gendarmerie, exerçant leur service ordinaire, agissent en vertu d'un pouvoir qui leur est propre, puisqu'elles le tiennent de la loi, et non comme simples *délégués* de la police, ni d'aucune autre autorité. C'est donc par une erreur manifeste qu'on a reproché à M. Isambert d'avoir provoqué la rébellion, dans les divers cas d'arrestations que la gendarmerie ne peut faire que lorsqu'elle est formée en brigade.

Les officiers de gendarmerie sont institués *officiers de police auxiliaires de M. le procureur du roi*, par les art. 9 et 48 du Code d'instruction criminelle ; les fonctions qu'ils sont chargés de remplir en cette qualité, sont déterminées par les art. 48 et suivans du même Code, et par les art. 148 et suivans de l'ordonnance d'octobre 1820.—En parlant de ces attributions, M. Isambert a fait remarquer que les officiers de gendarmerie ne peuvent faire arrêter les *citoyens domiciliés* surpris en flagrant délit, que lorsque les faits emportent des peines afflictives ou infamantes, et non lorsque ces faits ne constituent que de *simples délits ou des infractions de police*, ce qui est littéralement conforme aux art. 40, 41, 106 du Code d'instruction, 157, 158 et 166 de l'ordonnance d'octobre 1820, en sorte que, sous ce rapport, l'article inculpé ne donne aucune prise à la censure.

Enfin les gendarmes sont encore les *agens de la force publique*, et en cette qualité ils peuvent être individuellement chargés de la *notification* et même de l'exécution *des mandemens de la justice* aux termes de l'art. 67 de l'ordonnance d'octobre 1820.—Mais lorsqu'un gendarme n'est pas porteur d'un mandat de justice, il n'est certainement pas autorisé à *ordonner l'arrestation* des citoyens domiciliés qui ne sont pas surpris en flagrant délit. C'est avec grande raison que M. Isambert lui a dénié ce droit. Ce qu'il a dit, à cet égard, est conforme à l'art. 169 de la loi du 28 germinal an VI et aux art. 296 et 297 de l'ordonnance d'octobre 1820 ; ces deux derniers articles sont ainsi conçus. « *Tout acte de la* » *gendarmerie qui troublerait les citoyens, dans l'exercice de* » *leur liberté individuelle,* est un *abus de pouvoir..... hors le* » *cas de flagrant délit* déterminé par les lois, la *gendarmerie* » *ne peut arrêter aucun individu, si ce n'est en vertu d'un* » *ordre ou d'un mandat délivré par l'autorité compétente.* Tout » officier, sous-officier ou gendarme qui, en contravention » à cette disposition, donne, signe, exécute ou *fait exécuter* » *l'ordre d'arrêter un individu, ou l'arrête effectivement,* est » poursuivi judiciairement, et *puni* comme coupable de *dé-* » *tention arbitraire.* »

L'article de M. Isambert n'est donc inculpé que parce qu'il n'a pas été bien entendu. Il n'a point contesté le droit d'arrestation que les BRIGADES de gendarmerie peuvent exercer dans les cas déterminés par la loi, mais en soutenant qu'un *agent de la force publique,* tel qu'un gendarme, pris isolément, n'a pas le droit d'ordonner une arrestation, ni d'arrêter lui-même, s'il n'est porteur d'un *mandat de justice,* M. Isambert n'a rien dit de contraire aux attributions de la gendarmerie.

Relativement aux *agens de police :* Il est bien convenu qu'aucune loi ne leur confère le droit d'arrestation. Mais on prétend que les *officiers de paix* ont reçu ce droit de la loi du 23 floréal an IV, qui les a rétablis, et de la loi de messidor an VIII, qui le leur a conservé. Nous pensons, avec M. Isambert et son savant défenseur, que cette prétention repose sur une double erreur.

Considérons dabord que les *officiers de paix* ne sont point *officiers de police judiciaire*, ni *officiers de police auxiliaires du procureur du Roi*. Ils s'en trouvent exclus par la désignation explicite insérée dans l'article 7 du Code d'instruction criminelle.

Comment, n'ayant ni l'une ni l'autre de ces qualités, pourraient-ils être autorisés à faire des arrestations, *sans aucun mandat de justice* et hors le cas de *flagrant délit*?

La loi du 23 floréal an IV les charge, à la vérité, *de veiller à la tranquillité publique, de se porter dans les endroits où* ELLE SERA TROUBLÉE, D'ARRÊTER LES DÉLINQUANS *et de les traduire devant le juge de paix.* Mais il est aisé de voir que cette disposition n'est relative *qu'aux délits flagrans* ou *quasi flagrans.* En autorisant les officiers de paix à arrêter les *délinquans qui troublent la tranquillité publique,* la loi ne leur a pas conféré un droit spécial, puisque aux termes des articles 62 et 63 du Code du 3 brumaire an IV, qui était en activité à l'époque de cette loi, tout citoyen était tenu de saisir le prévenu surpris en *flagrant délit,* et de l'amener devant le juge de paix. Et la loi assimilait au *flagrant délit,* le cas où un individu était trouvé saisi d'effets, armes, instrumens ou papiers, servant à faire présumer *qu'il était l'auteur d'un délit.* Ces dispositions ont subi une modification importante par l'art. 106 du Code d'instruction criminelle, d'après lequel la personne, surprise en flagrant délit, ne peut être arrêtée que lorsque le fait emporte une *peine afflictive ou infamante.*

Il s'ensuit qu'en chargeant *d'arrêter les délinquans qui troublent la tranquillité publique,* la loi de floréal an IV n'a pas conféré un droit particulier aux officiers de paix; elle leur a imposé une obligation plus spéciale qu'aux autres citoyens de se porter dans les endroits où la tranquillité publique est troublée pour saisir les individus surpris en *flagrant délit* et les conduire devant l'officier de police auxiliaire.

Si l'on prétendait trouver un pouvoir plus ample, conféré par la loi de floréal an IV aux officiers de paix, ce pouvoir plus ample aurait nécessairement été retiré par le Code d'instruction criminelle, qui ne permet pas que des citoyens puissent être arrêtés sans mandats, quoique surpris en délit flagrant, lorsque le fait n'a pas les caractères d'un crime.

Il était impossible de supposer que les *officiers de paix* de la police de Paris, qui ne sont pas même *officiers de police auxiliaires*, puissent avoir un droit d'arrestation plus étendu que celui qui a été conféré par la loi aux *officiers de police judiciaire* et au *procureur du Roi* lui-même.

Quant à l'arrêté de messidor an VIII dont l'article 38 est ainsi conçu : Le préfet de police et ses agens pourront faire » saisir et traduire aux tribunaux de police correctionnelle les » personnes prévenues des délits du ressort de ces tribu- » naux. » Comment peut-on induire de cet arrêté un droit d'arrestation pour les officiers de paix, en présence des art. 9, 10, 40 et 91 du Code d'instruction criminelle ?

N'est-il pas évident que cet art. 38 de l'arrêté a été restreint et modifié par l'art. 10 du Code, en ce que cet art. 10 laisse bien *au préfet de police* la faculté de *faire* PERSON-NELLEMENT *tous actes nécessaires à l'effet de constater les crimes, délits et contraventions, et d'en livrer les auteurs aux tribunaux chargés de les punir conformément à l'art.* 8. Mais au lieu d'admettre *les agens de police* à concourir aux mêmes fonctions comme l'art. 38 de l'arrêté les y autorisait, l'art. 10 du Code ne laisse *au préfet de police* que la faculté de *faire ces actes* PERSONNELLEMENT ou de *requérir les officiers de police judiciaire de les faire chacun en ce qui le concerne.* Et comme les simples agens de police, non plus que les officiers de paix, ne sont point admis au rang des officiers de police judiciaire par l'art. 9 du Code, il s'ensuit qu'ils n'ont pas personnellement *qualité*, et qu'ils ne peuvent être requis d'en remplir les fonctions.

S'agit-il de *flagrant délit !* le citoyen domicilié ne peut-être saisi que dans le cas où le fait réunit les caractères *d'un crime*. S'il y a lieu de décerner en ce cas, *mandat d'amener*, cette faculté n'est attribuée qu'au procureur du roi, à ses auxiliaires. (Art. 40, 49 et 59 du Code d'instruction.)

Hors le cas de flagrant délit, aucun citoyen domicilié ne peut être arrêté sans mandat. Au juge d'instruction *seul*, est en ce cas déféré le droit de décerner soit le simple *mandat de comparution*, qui n'entraîne pas l'arrestation du prévenu, soit le *mandat d'amener*. (Art. 91 du même Code.) Le premier de ces mandats est assez généralement préféré, conformément à l'instruction de Mgr. le Garde-des-sceaux du 10 février 1819, dans laquelle Son Excellence s'exprimait ainsi : « Toutes les fois qu'il s'agit de simple délit, et que » l'inculpé est domicilié, le juge d'instruction doit généra- » lement se borner à décerner un mandat de comparution, » sauf à le convertir en tel mandat qu'il est jugé nécessaire, » après que l'inculpé a été interrogé. Le Code d'instruction » criminelle l'autorise à en user ainsi, et, par cette dispo- » sition facultative, le législateur a indiqué qu'on ne doit pas, » sans motif grave, user de contrainte envers un individu » qui présente une garantie. »

Tel est l'état actuel de notre législation sur ce point.

Il en résulte évidemment que les officiers de paix de Paris ont été dépouillés des fonctions relatives à la police judiciaire par le Code d'instruction, et réduits à celles de la *surveillance*, comme les autres agens subalternes de la police.

Supposer que les officiers de paix peuvent, hors le cas de flagrant délit, arrêter sans mandat un citoyen domicilié prévenu d'un simple délit, c'est leur attribuer un pouvoir exorbitant, plus étendu que ceux accordés par la loi aux officiers

de police auxiliaires, au procureur du roi et même au préfet
de police lui-même; ce qui est absolument insoutenable.

Les gendarmes, pris isolément, et les officiers de paix,
étant *sans caractère* personnel, comme on vient de le démontrer, pour arrêter *sans mandat, hors le cas du flagrant
délit,* un citoyen domicilié, peut-on dire que les citoyens
qui opposent de la résistance à des arrestations arbitraires
de ce genre, se rendent coupables du crime de *rébellion?* —
Et que le jurisconsulte qui instruit les citoyens de leur droit
à cette résistance, se rend coupable du délit de *provocation à
la rébellion ou à la résistance aux lois?*

Quelle est la loi qui punit la résistance à une arrestation
arbitraire que prétend opérer un agent *sans caractère et sans
mandat?*

Ne fut-il pas reconnu et décidé lors de l'article 3 de la
loi du 17 mai 1819, conformément aux sages réflexions de
M. le garde-des-sceaux, que *la provocation à la désobéissance
aux lois, devait seule être punie, et non la provocation à la désobéissance aux actes de l'autorité publique,* ces actes pouvant
ne pas être faits en exécution des lois, pouvant même être contraires aux lois. *Les agens de l'autorité étant si nombreux que
cette supposition n'est point impossible!*

Nous avons fait observer en commençant que les *arrestations illégales, tentées sans ordre des autorités constituées et
hors les cas où la loi ordonne de saisir le prévenu,* étaient des
crimes prévus par les articles 341 et suivans du Code pénal;
le droit naturel autorise à résister et à se garantir de ces ten-
tatives, même par la force, comme on résiste au vol, à l'assassinat et aux autres crimes.

Vainement on suppose qu'il faut d'abord obéir à l'agent
de police, lors même qu'il attente à la liberté individuelle
sans ordre et sans mandat; sauf à réclamer ensuite. — L'article 344 du Code pénal nous avertit que cet agent, qui se

présente sans ordre, peut n'être qu'un assassin déguisé. —
Qui me garantira que cet inconnu qui veut m'arrêter n'est
pas un assassin déguisé? ne suis-je pas en droit de le supposer tel, par cela seul qu'il ose porter la main sur moi sans
y être autorisé par un *mandat* de justice? Peut-on raisonnablement soutenir que je dois me livrer aveuglement et con-
fier ma liberté, mon existence et ma vie, à cet individu justement soupçonné de n'être qu'un *imposteur*; puisqu'il agit
illégalement et sans titre dans un acte de cette importance?
Si le système que nous combattons pouvait être accueilli,
quels avantages ne donnerait-il pas aux malfaiteurs! il leur
suffirait de se qualifier *agens de police* ou *officiers de paix* pour
imposer une obéissance absolue et pour exercer paisible-
ment leurs brigandages et leurs crimes sur les honnêtes gens,
sans s'exposer à aucune résistance!!!

Nous ferons observer, en finissant, que la législation criminelle est essentiellement positive; notamment pour tout
ce qui intéresse la liberté individuelle des citoyens. On ne
peut ni étendre les pouvoirs, ni changer les attributions,
ni substituer l'arbitraire aux règles établies sur cette matière, sans exposer la société aux plus grands désordres.
Une seule atteinte, portée à la liberté individuelle, suffit
pour renverser le gouvernement des décemvirs, et pour
opérer une crise violente, et par suite l'une des plus grandes et des plus étonnantes révolutions.

Il serait superflu de rappeler ici les autres moyens qui ont
été développés avec autant d'énergie que d'éloquence durant
le cours des audiences. Ils ont porté la justification de l'honorable M. Isambert, et sous le rapport de la doctrine et sous le
rapport de l'intention, au plus haut degré d'évidence.

Délibéré à Paris, ce 12 décembre 1826.

BOURGUIGNON.

Imprimerie Anth°. Boucher, rue des Bons-Enfans, n°. 34.